AF227492

LA SOUVERAINETÉ DU PEUPLE

Le Mandat Impératif

ET

LA CONSTITUTION

Membre du Souverain, quelque faible influence que puisse avoir ma voix dans les affaires publiques, le droit d'y voter suffit pour m'imposer le devoir de m'en instruire.

(J.-J. ROUSSEAU.)

MARSEILLE

IMPRIMERIE ET STÉRÉOTYPIE T. SAMAT ET Cie

15, Quai du Canal, 15

1886

LA SOUVERAINETÉ DU PEUPLE

Le Mandat Impératif

ET

LA CONSTITUTION

> Membre du Souverain, quelque fai-
> ble influence que puisse avoir ma
> voix dans les affaires publiques, le
> droit d'y voter suffit pour m'imposer
> le devoir de m'en instruire.
>
> (J.-J. Rousseau.)

MARSEILLE

IMPRIMERIE ET STÉRÉOTYPIE T. SAMAT ET Cie
15, Quai du Canal, 15

1886

LA SOUVERAINETÉ DU PEUPLE

LE MANDAT IMPÉRATIF

ET

LA CONSTITUTION

De la nécessité pour une nation d'avoir un Principe de Gouvernement

Pour qu'une nation soit prospère, qu'elle puisse voir se fermer l'ère des révolutions, pour qu'elle ait un gouvernement puissant, stable, et qui fonctionne sans secousses : il est nécessaire que ce mode de gouvernement s'appuie sur un principe absolu, immuable qui lui serve de base ; il faut, en outre, que les institutions découlent de ce principe et en soient le soutien. Il en résulte que, s'il existe un principe immuable, reconnu de tous, absolument vrai et par suite incontestable, c'est naturellement ce principe qui doit être la base fondamentale du gouvernement, c'est sur lui que doivent reposer les institutions du pays qui acquèront, dès lors, cette stabilité nécessaire à la prospérité d'une nation.

Si nous jetons un regard rapide sur les modes de gouvernement qui ont précédé notre régime actuel, nous les voyons tous soucieux de s'établir solidement sur un principe et de soutenir ce principe par des institutions conformes qui doivent en perpétuer la durée.

L'ancienne monarchie après avoir usurpé le pouvoir eut le soin d'appuyer son usurpation sur le principe du droit divin. C'était incontestablement à cette époque demi-barbare, la force la plus puissante que le despotisme royal pût trouver pour retenir sous le joug des populations ignorantes et fanatiques. Mais ce principe plus spécieux que réel ne pouvait durer que tou

autant que les populations resteraient ignorantes et seraient
maintenues dans ce respect fait de crainte que l'esclave a pour
son maître. Aussi la royauté eut-elle le soin, quelle que fût la con-
fiance qu'elle parut avoir dans l'essence divine de son principe,
de l'appuyer sur des institutions sociales qui pouvaient rem-
plir ce double but. En s'assurant, par des privilèges, le clergé
qui donnait l'instruction, la noblesse qui possédait la force et
tenait le serf courbé sur la glèbe, elle eut le concours de ceux
qui étaient maîtres de l'esprit et du corps du serf, et c'est avec
quelque apparence de raison que tant que dura cet accord la
royauté put croire que sa domination ne s'éteindrait pas et que
son principe était immortel.

Mais quand à la suite de rivalités nombreuses entre les
associés, la royauté fut obligée, par des luttes successives, d'a-
moindrir la noblesse et par suite le clergé dont les principaux
dignitaires appartenaient aux meilleures familles, le principe
de droit divin perdit tout son prestige aux yeux du peuple at-
tentif, et c'est avec raison que l'on a pu dire que du jour ou les
privilèges furent abolis la royauté de droit divin avait cessé
d'exister et la révolution était faite.

Le premier Empire, après s'être établi par la force et le
prestige des armes eut le soin, en proclamant comme base de
son gouvernement le principe d'hérédité, de le soutenir par la
création d'une nouvelle noblesse.

La Monarchie constitutionnelle chercha à soutenir l'hérédité
du trône en instituant le cens électoral qui devait lui donner
l'appui de la bourgeoisie devenue classe dirigeante et privilégiée.

Le second Empire, manquant du prestige du premier, chercha
à se créer des partisans par l'appât des honneurs et des richesses ;
il demanda à l'organisation du favoritisme et de la corruption
individuelle l'appui de son principe d'hérédité.

Il est remarquable que tous ces gouvernements monarchiques,
après avoir établi un principe qui devait être immuable ont
cherché à l'appuyer sur l'organisation des classes privilégiées.

Cette organisation des classes privilégiées nous la retrouvons sous tous les gouvernements autoritaires, quel que soit le nom qu'ils portent. C'est la marque, que la Providence leur a imprimée au front pour les faire reconnaître du peuple ; c'est la tare qui les mine, les étiole et finit par les détruire ; c'est elle qui a fait reconnaître, sous le masque, le despotique gouvernement de l'aristocratique Venise, quoiqu'elle se fût couverte du titre de république ; elle s'impose a eux comme une fatalité dont ils ne peuvent se défaire, elle est inhérente à leur principe qui, étant faux, ne saurait un instant tenir debout avec des institutions égalitaires.

Partout où règne la faveur et l'inégalité des lois on peut dire à coup sur, là, règne le despotisme et le Peuple n'est rien.

Du Principe gouvernemental de la Démocratie.

Comme les autres gouvernements, celui de la démocratie doit s'appuyer nécessairement sur un principe, et ce principe nous le trouvons incontestablement dans celui qui résume les principes de Quatre-Vingt-Neuf, les droits imprescriptibles de l'homme et qui est basé sur l'égalité de tous devant la loi : c'est *la Souveraineté du Peuple.*

Je n'insisterai pas pour démontrer que ce principe est le seul qui soit incontestable et absolument vrai : essayer de le nier ce serait nier les droits de l'homme en société. Il a résisté à tous les despotismes, a présidé à l'origine de la formation de toutes les sociétés quand les hommes se réunirent pour se grouper en peuple et malgré tous les obstacles, par la seule puissance que possède l'impérissable, il a fini par rayonner de nouveau pour éclairer à jamais les destinées des peuples modernes.

Le premier article de la Constitution française doit donc proclamer ce principe : *le Peuple est Souverain,* il doit en être la base et les articles qui suivront en être les corollaires et avoir pour but de le soutenir pour le rendre efficace.

Le Gouvernement démocratique ayant une base inattaquable, éternellement vraie, nous n'avons, pour faire une Constitution qui sera immuable, qu'à rechercher exclusivement les institutions qui en découlent et sont nécessaires pour que le principe, base fondamentale, ne périclite pas.

Quelles sont les Institutions nécessaires pour que la Souveraineté du Peuple soit réelle et efficace ?

Pour que la Souveraineté du Peuple soit réelle il faut que toutes les lois soient consenties par le Peuple et que tous les citoyens concourent à leur confection, d'où il résulte que le *Suffrage universel* est la première institution qui dérive de la Souveraineté du Peuple.

Le Peuple a deux manières d'exercer la Souveraineté : ou directement ou par des mandataires. Le premier mode est impraticable dans une grande nation et n'est, d'ailleurs, pas absolument indispensable pour que la souveraineté s'exerce efficacement. Nous nous occuperons donc exclusivement du second mode, celui où le Peuple nomme des délégués avec mission de faire les lois et un ou plusieurs délégués chargés de les faire exécuter.

En déléguant la Souveraineté, le Peuple a à craindre que sa volonté ne soit pas obéie et que son mandataire, se substituant à lui, devienne, en réalité, le véritable Souverain. Pour éviter cet inconvénient, il faut que le mandataire reçoive un mandat de courte durée, que, pendant tout le temps du mandat, il soit en relation étroite et intime avec son mandant ; il faut surtout que le mandat soit parfaitement défini, et que, volontairement consenti, il soit scrupuleusement exécuté.

Il est certain que, lorsque le Peuple ne se réunît qu'à de grands intervalles pour nommer ses mandataires et qu'il leur donne un mandat très peu défini, ou qu'il se contente d'approuver un programme mal étudié, plus ou moins pompeux, qui tient les questions dans le vague, la Souveraineté court de grandes chances d'être illusoire. Quand, par exemple, l'un veut trancher, à grand fracas, la question sociale sans qu'il puisse dire lui-même ce qu'il entend par là. Quand un autre parle de supprimer le Pouvoir exécutif on fait toute autre promesse aussi illusoire ; il est certain que, du moment où ces questions viendront au grand jour de la discussion, les électeurs eux-mêmes voyant que leur bonne foi a été surprise ne sauraient faire un grief à leur député de ne pas avoir triomphé.

Il en résulte que le meilleur moyen, pour un député, de n'avoir pas de mandat est de s'en faire imposer un irréalisable. Dès lors, si durant le temps du mandat les électeurs n'ont aucun moyen d'agir sur le député, soit pour lui donner un nouveau mandat, soit pour maintenir le premier, la Souveraineté durant le temps du mandat est complètement déplacée et apparaît alors évidente cette assertion que Rousseau appliquait à la parlementaire Angleterre : « le Peuple qui nomme des représentants n'est libre que durant l'élection, sitôt l'élection faite il est esclave, il n'est rien. »

Il ne sera pas nécessaire d'insister longuement pour essayer de démontrer, ce qui est généralement reçu, que dans une démocratie surtout il est absolument nécessaire que le Pouvoir législatif et le Pouvoir exécutif soient séparés et distincts l'un de l'autre. Le système de la convention n'est justifiable que dans des périodes de danger et pour un temps très limité, sous peine de conduire fatalement à l'anarchie et à la dictature. Le Pouvoir exécutif exercé d'une manière permanente en même temps que le Pouvoir législatif par une assemblée, ne peut qu'engendrer, à bref délai, une aristocratie élective dont les membres absorberaient à leur profit ou pour les leurs toutes les fonctions publiques, ce serait le règne du favoritisme et de l'inégalité devant la loi ; la Souveraineté du Peuple serait absorbée par ses élus, et peu à peu il se creuserait entre eux et le Peuple un fossé profond qu'une révolution, conduisant à la dictature , pourrait seule combler. Par conséquent, toute institution qui tendrait à confondre ces deux pouvoirs serait anti-démocratique.

Or, si nous examinons le régime parlementaire que nous ont légué les monarchies précédentes, tel qu'il est encore pratiqué sous notre République, nous n'aurons pas de peine à prouver que ce système tend à déplacer la Souveraineté et à la faire passer du Peuple aux mains des Députés.

Dans une monarchie le chef du Pouvoir exécutif étant héréditaire, celui-ci a pris la plus grande partie de la Souveraineté du Peuple qui a, en quelque sorte, abdiqué entre ses mains, il en résulte que les Députés se trouvent dans un état d'inférioté relative qui les tient dans l'impossibilité d'usurper le pouvoir. Il n'en est pas de même dans une Démocratie : ici, le Chef du Pouvoir exécutif et les Délégués chargés de faire les lois ont une même origine, tous les deux, dépendent directement du Peuple Souverain, de telle sorte que leurs pouvoirs étant moralement égaux, le plus grand nombre tendra à empiéter sur les pouvoirs du premier , si la loi n'y oppose une barrière infranchissable.

Avec le système actuel, cette barrière n'existe pas.

Au contraire, d'un côté la responsabilité ministérielle devant la Chambre, avec l'obligation établie par l'usage de prendre les ministres dans le Parlement, permet aux députés d'agir directement sur le Pouvoir exécutif, de s'immiscer dans les actes administratifs et d'usurper ainsi une partie du Pouvoir exécutif, de telle sorte que la préoccupation constante du député n'est plus d'obéir aux désirs du Souverain, mais d'arriver au pouvoir ou d'y pousser ses amis , bien certain que le jour où il aura la puissance il pourra, en répandant les faveurs autour de lui, éluder quelquefois son mandat sans avoir à craindre que ses commettants lui tiennent rigueur.

D'autre part, le député, en dehors de l'élection, n'étant lié par aucun *mandat légal* suffisamment défini, ses pouvoirs soit illimités et auront d'autant plus de puissance qu'ils émaneront plus directement du Peuple : il en résultera fatalement, un jour ou l'autre, conflit, parce que le Pouvoir législatif cherchera à empiéter sur le pouvoir exécutif.

L'exercice de la Souveraineté du Peuple exige donc que le Pouvoir exécutif et le Pouvoir législatif soient nettement séparés par la loi constituante, afin que l'un ne puisse empiéter sur les attributions de l'autre, et cette condition ne peut être complètement obtenue qu'autant que l'un et l'autre seront étroitement liés, envers le Souverain , par un mandat légal parfaitement défini qu'ils ne pourront outrepasser.

Le Mandat doit-il être Impératif ?

Il semblerait logiquement, d'après ce que je viens de dire, que le Mandat législatif doive être assimilé au mandat civil et que, par cela même qu'un député aura failli à ses promesses, il doive être déchu de son mandat. Ce n'est pas ainsi que la question doit être résolue et je vais essayer de le démontrer :

Pour qu'un député se croit lié par son mandat, il faut qu'il n'y ait aucun doute pour lui comme pour tout le monde que ce mandat est bien l'expression de la majorité ; il ne suffit pas que le programme soit le fait d'un comité plus ou moins régulier ou du candidat lui-même, car, dans ce cas, il pourra toujours y avoir doute en présentant en même temps et le candidat et le programme, si les électeurs, mis dans une impasse par l'obligation de nommer un député, ont voté pour l'homme ou pour le programme.

C'est pour cela que nous avons pu voir plusieur fois des députés interpellés par des électeurs qui leur demandaient compte de certaines parties de leur mandat, répondre qu'ils ne leur reconnaissaient pas le droit de les questionner.

Pour que le doute ne pût exister il faudrait donc que les électeurs fussent invités légalement et régulièrement à voter le mandat, et que le choix du candidat fût consécutif afin qu'on n'eût à se préoccuper que de la capacité de celui qui serait chargé de faire triompher les idées contenues dans le programme.

En admettant qu'il en soit ainsi, qu'il y ait certitude complète que le mandat donné au député est bien l'expression de la volonté du peuple : Je dis que même alors le mandat ne peut être impératif d'une manière absolue.

Pour si éclairés que soient les électeurs, quelle conviction qu'ils aient que les décisions prises sont utiles aux intérêts du pays ou à la cause qu'ils veulent défendre, ne peut-il pas arriver qu'au moment où ces questions viendraient à la tribune, la discussion prouve que la mesure que le député a mission de défendre est inopportune ou même contraire aux intérêts du pays ou de ses commettants. Qu'en résulterait-il si, d'une décision mal prise, devait sortir fatalement une mauvaise loi que les électeurs seraient les premiers à regretter ? En exécutant strictement le mandat reçu, le député qui reconnaîtrait l'erreur commise et qui obéirait quand même, ferait-il œuvre de bon citoyen, et s'il refusait de s'y associer aurait-il pour cela seul démérité ? Un général est devant l'ennemi, il a reçu de son chef direct l'ordre de faire une marche, il s'aperçoit qu'il fait fausse route, exécute une manœuvre contraire et gagne la bataille : il a manqué à son mandat, mais il a sauvé la patrie, lui demanderez-vous sa démission ?

Les questions de lois ou d'affaires qui intéressent un grand peuple ne sauraient trop être discutées. Quand elles auront été étudiées par la presse, dans de nombreuses réunions publiques, il est nécessaire qu'elles le soient encore, après quelque temps de réflexion, par les mandataires du pays ; que les objections se produisent au grand jour de la tribune à côté du Pouvoir exécutif qui pourra fournir des documents, donner son avis, afin que les députés du pays puissent décider en toute connaissance et toute liberté en bons citoyens dans l'intérêt de la patrie et de leurs commettants.

Si nous voulons être un peuple libre, si nous désirons la grandeur de la France et la prospérité de la République, il faut renoncer à ce système de suspicion qui diminue et éloigne les hommes de talent qui se dévouent pour la République et respecter la liberté de ceux que nous honorons afin qu'ils respectent la nôtre.

Nous concluons en disant que, pour si défini que soit le mandat, pour si régulièrement qu'il ait été donné, le député qui vote contre son mandat n'a pas pour cela seul démérité et qu'on n'a pas plus le droit de lui demander sa démission qu'il n'aurait le droit de la donner lui-même le cas échéant, pour se soustraire définitivement à un engagement volontairement pris.

La Volonté du Peuple doit toujours finir par prévaloir. Du Mandat conventionnel

Comment concilier ces deux intérêts, opposés : l'indépendance du Député et l'autorité du Souverain. Comment obtenir que le député conserve sa liberté d'allures sans qu'il puisse usurper l'autorité et que la volonté du Peuple soit toujours écoutée? Il faut que la loi constitutionnelle garantisse au Peuple que sa volonté prévaudra toujours.

Supposons qu'au sujet d'une proposition de loi, un certain nombre de députés aient voté contre leur mandat et que le résultat définitif soit dû à leur concours, en d'autres termes que leur appoint ait fait la majorité, il est évident que si cette décision est définitive, si la loi est promulguée et rendue exécutoire, la volonté des électeurs est méconnue et la Souveraineté du Peuple est frustrée. Dans ce cas, pour que la volonté du peuple fût respectée, il faudrait que les députés qui ont voté

contre leur mandat consultassent de nouveau leurs électeurs et
que la décision ne devînt définitive qu'après que ceux-ci auraient
ou maintenu ou annihilé le premier mandat.

Prenons un exemple dans un fait tout récent qui a soulevé, a
juste titre, beaucoup de récriminations. La revision de la Constitution a été rejetée quoique la majorité des députés eût accepté
le mandat de l'exiger. Ont-ils eu tort ou raison, nul ne saurait
le dire avec certitude, chacun n'ayant, pour décider la question,
que son opinion personnelle et ne pouvant présuger celle de la
majorité au moment actuel. Il est certain que, en apparence tout
au moins, la volonté du Souverain a été méconnue. On objectera
ce qui a eu lieu d'ailleurs, que ce rejet n'est que provisoire
qu'avant la fin de la législature, les députés, revenant sur leur
décision, ont modifié légèrement la Constitution ; mais s'ils ne
l'eussent pas voulu existait-il un moyen légal de les y contrain-
dre ? Est-il bien sûr qu'ils aient satisfait complètement à leur
mandat que devient alors la volonté du Souverain. Faut-il
compter sur la crainte de la non réélection pour agir sur le
député ? N'est-ce pas un moyen peu efficace, indigne, d'ailleurs,
du député et du corps électoral, bon, tout au plus à discréditer le
régime représentatif ? Ne serait-il pas plus digne de la Souveraineté que la majorité ayant été obtenue grâce à l'appoint d'un
certain nombre de députés qui ont voté contre leur mandat, cette
décision n'eût pas été définitive et que dans un laps de temps
suffisant pour laisser les esprits examiner froidement de nouveau les questions, les électeurs des députés qui avaient voté
contre leur mandat eussent légalement le droit de se réunir, de
discuter et de voter pour savoir si le premier mandat
devait être maintenu ou si les députés avaient eu raison d'at-
tendre, alors qu'elle que fût la décision prise, le Peuple
Souverain lui-même aurait décidé en dernier ressort.

Pour que la Souveraineté reste entière il faut donc que le
député reçoive *légalement* un mandat défini portant sur les
questions les plus importantes, qu'il puisse, au besoin, sans être
suspecté, voter contre ce mandat, à condition que si son vote

fait l'appoint de la majorité *la loi soit en suspens* jusqu'au moment où, après un délai fixé par la loi, les électeurs du député auront, par leur vote, levé ce veto.

De la Constitution et des Lois constitutionnelles

La Constitution est l'ensemble des lois constitutionnelles, c'est-à-dire des lois fondamentales qui décident de la forme du gouvernement. Comme telles ces lois doivent avoir pour caractère distinctif d'être essentielles, de telle sorte que si l'on touche à l'une d'elles, la forme du gouvernement est changée. Il en résulte que, si dans une Constitution il se trouve une loi qu'on puisse modifier ou abolir sans que la forme du gouvernement soit changée, cette loi n'est pas fondamentale, par suite, constitutionnelle, et n'aurait pas dû figurer dans la Constitution.

C'est pour avoir méconnu cette condition que nos Constitutions ont été si précaires et que celle qui nous régit soulève tant d'objections et devra être modifiée.

Le simple bon sens indique que la forme du gouvernement et par suite la Constitution, puisque celle-ci détermine la première, devrait être établie pour toujours et qu'il est absurde de dire la Constitution pourra être modifiée dans quelques années. Quelles que soient les précautions que l'on prenne ou les difficultés que l'on crée pour empêcher que cette revision ne modifie la forme du gouvernement, il est certain que celui-ci en est ébranlé avant de naître et que la prospérité du pays ne peut qu'en souffrir.

Tous nos efforts doivent donc tendre à établir une Constitution une fois pour toutes, et nous ne pourrons atteindre ce but qu'en introduisant dans la Constitution que des lois fondamentales éloignant avec soin celles qui n'ont pas ce caractère.

De l'étude à laquelle nous nous sommes livré précédemment, il résulte que, si nous prenons pour base de la démocratie *la Souveraineté du Peuple*, les institutions nécessaires pour en assurer le fonctionnement et en garantir l'efficacité sont : *Le Suffrage universel, la Liberté de réunion,* par suite, la liberté de la presse, la liberté d'association, la liberté de conscience, la liberté individuelle, la *Séparation des Pouvoirs, Le Mandat Impératif conventionnel.*

Ces institutions, que nous appellerons volontiers les gardes du corps de la Souveraineté du Peuple, sont fondamentales et par suite constitutionnelles ; essayer d'en supprimer une c'est saper la base de la démocratie et par suite changer la forme démocratique du gouvernement. C'est parce que l'une d'elles manque dans notre Constitution , que les autres ne sont de fait que nominatives, qu'il serait difficile aux yeux les plus exercés de bien distinguer notre République d'un régime monarchique constitutionnel quelconque et qu'il suffirait, sans toucher aux lois, de changer la dénomination du chef du pouvoir exécutif pour avoir une monarchie parlementaire.

Ce n'est qu'en rendant au Peuple la Souveraineté, en la lui garantissant pleine et entière, que l'on pourra se passer dès lois de proscription plus dangereuses qu'utiles par lesquelles on voudrait essayer d'éloigner les prétendants du Pouvoir ; preuve indubitable que notre Constitution est mal assise, puisque l'on craint qu'elle ne puisse garder la République de l'ambition d'un homme.

Les institutions fondamentales que nous venons d'indiquer devront donc, avec la base dont elles sont les corollaires, entrer dans la Constitution pour la former tout entière, et cette Constitution, basée dès lors sur des principes éternels, immuables, devra être à jamais déclarée immuable. La volonté du Peuple ne pourra même prévaloir contre elle, car il n'est pas admissible qu'un peuple ait le droit de renoncer à sa Souveraineté pour lui-même, et surtout pour ses descendants, il n'existerait plus comme peuple et ne serait, comme sous la féodalité, qu'une réunion de serfs. Si, en nous lançant dans l'extrême limite de l'hypothèse, nous pouvons supposer un instant qu'un peuple tout entier puisse se suicider, la raison proteste et se refuse à admettre qu'il ait le droit d'imposer le même suicide aux générations successives. La Souveraineté survit toujours et la Liberté est impérissable.

Mais en dehors de ces institutions qui sont fondamentales il en est d'autres de premier ordre pour assurer le fonctionnement du gouvernement : moins importantes pourtant que les premières, en ce sens que les modifications qu'on pourrait leur faire subir ou même leur suppression ne porteraient pas atteinte au Principe de la démocratie, la Souveraineté du Peuple. Néanmoins ces institutions, vu leur grande importance, doivent être entourées de garanties suffisantes pour qu'elles aient une certaine stabilité. Quoique le Peuple puisse les modifier, il serait dangereux qu'elles le soient à tout propos, comme si c'étaient des lois ordinaires, mais avec la plus grande circonspection et lorsque la nécessité en est bien reconnue.

Ces lois n'étant pas fondamentales, ce serait une faute de les insérer dans la Constitution, car en leur donnant ainsi une stabilité qui n'est pas dans leur essence, on rendrait la Constitution caduque. Il faudra donc les réserver pour un acte additionnel qui pourra être modifié en tout ou en partie, et selon certain mode indiqué dans cet acte même.

A l'appui de ces considérations, si nous examinons l'institution du Sénat, on conviendra facilement avec nous qu'il pourrait être indifféremment ou supprimé, sans que la Souveraineté du Peuple en fût amoindrie, ou maintenu avec des attributions autres que celles qui lui sont dévolues actuellement. On pourrait lui donner, par exemple, la garde de la Constitution et un pouvoir suffisant pour que la Souveraineté du Peuple ne pût jamais être usurpée, soit par le Pouvoir législatif soit par le Pouvoir exécutif.

Nous dirons de même, quelle que soit l'importance de cette

question, que la Souveraineté du Peuple sera entière, soit que l'on conserve la responsabilité de tous les ministres devant la Chambre, soit qu'on la restreigne à quelques ministres ou même qu'on la rapporte au Chef de l'État. Ce ne sont pas là des questions constitutionnelles, parce qu'on peut les modifier sans porter atteinte au principe essentiel de la démocratie.

Nous n'insisterons pas plus longtemps sur ce sujet, ne voulant pas étendre outre mesure notre étude et nous terminerons en concluant : Pour que la Souveraineté du Peuple soit entière et réelle, il faut une Constitution qui ait pour base cette Souveraineté et qui ne contienne que les principes immuables destinés à la garantir. Cette Constitution devra donc proclamer :

1. La Souveraineté du Peuple.
2. Le Suffrage Universel.
3. La Liberté de la Presse, la Liberté de Réunion, la Liberté d'Association, la Liberté de Conscience, la Liberté Individuelle, l'Égalité de tous devant la loi.
4. Séparation et Délimitation exacte du Pouvoir exécutif et du Pouvoir législatif.
5. *Mandat Impératif Conventionnel.*
6. *Elle devra être immuable* et porter, par suite,
7. *Une Sanction pénale* contre tous ceux, simples citoyens ou prétendants, qui chercheraient à la détruire.

On réservera, pour une seconde Constitution qui pourra être modifiable, toutes les questions importantes d'organisation en dehors des principes primordiaux.

Il est temps que la République s'appuie sur les principes républicains qu'ils planent inébranlables au-dessus du Peuple et des élus, qu'ils servent de guide aux ambitions qui s'égarent, si l'on veut que la liberté n'ait plus à se voiler la face.

FIN

Imprimerie du *Petit Marseillais*, T. SAMAT, quai du Canal, 15

TABLE DES MATIÈRES

De la nécessité, pour une nation, d'avoir un Principe de Gouvernement 3

Du Principe gouvernemental de la Démocratie 5

Quelles sont les Institutions nécessaires pour que la Souveraineté du Peuple soit réelle et efficace 6

Le Mandat doit-il être Impératif ? 9

La Volonté du Peuple doit toujours finir par prévaloir. Du Mandat Conventionnel 11

De la Constitution et des Lois Constitutionnelles 13

www.ingramcontent.com/pod-product-compliance
Lightning Source LLC
Chambersburg PA
CBHW061709050726
47598CB00004B/1750